詩　　道

一魯竹十四行詩

魯　竹　著

文　史　哲　詩　叢

文史哲出版社印行

國家圖書館出版品預行編目資料

師道：魯竹十四行詩 / 魯竹著. -- 初版 --
臺北市：文史哲, 民 107.11
　　頁；　公分
　　ISBN 978-986-314-446-5（平裝）

851.486　　　　　　　　　　107019826

文 史 哲 詩 叢　140

師　　道
── 魯竹十四行詩

著　　者：魯　　　　　　　　　　竹
出 版 者：文 史 哲 出 版 社
　　　　　http://www.lapen.com.tw
　　　　　e-mail：lapen@ms74.hinet.net
登記證字號：行政院新聞局版臺業字五三三七號
發 行 人：彭　　　正　　　　雄
發 行 所：文 史 哲 出 版 社
印 刷 者：文 史 哲 出 版 社
臺北市羅斯福路一段七十二巷四號
郵政劃撥帳號：一六一八○一七五
電話 886-2-23511028 · 傳真 886-2-23965656

定價新臺幣二○○元

2018 年（民一○七）十一月初版

詩道：魯竹十四行詩選集

目　次

詩　觀

詩　觀　1

詩非詩
誰是詩人
塗鴉的
欣賞塗鴉的

散文分行的
論文加韻的

火星文的
排名榜的
不讀詩
自稱是詩人

詩非詩
難得真詩
詩人
不是政客

詩　觀　2

詩有道
在思行
意識　交感
意象　聯想
意思成行
啥意思在靈感

小意思
上雲端
悠悠　不好意思
無情　不成意思
詩緣在人性
轉悠間　詩行動

　詩是思絲
　言簡行禪意

詩　觀　3

墨子　墨人
非黑道
胸中山水
潑墨
詩濃
不在墨汁

修辭非狼毫

惟不失憶
密碼互聯連線
墨人有情

不必非要爬格子
墨子有思
非墨亦有詩
墨道異類十四行

詩　觀　4

風景有意思
人事沒意思
山水有意思
政客民調沒意思

誠真有意思
良善有意思
和美有意思

詩是思絲
人情有意思
人性人道有意思

雲遊有意思
詩意愜意
激情有意思
魯竹商籟有意思

詩　者

詩 者 1

爬山繩上有鈴聲
學習山的堅強和包容
學習雪的冷清和可塑
學習冰的紮實和溫變
學習風的酷情和刺激

攀登高峰　不是
各説各話　分道揚鑣
是團隊精神互相支援

我在山下幫打椿
你在山上引我上
信託在一根爬山繩上

上山尋佛　只聞
風吹幡旗聲　登上頂峰
方知　佛 在 心 中

詩　者　2

動物吸氧氣
植物吸碳酸
詩作風花雪月
素描　印象人生
詩有生命　音色

詩者是生物
激情
吃葷的動物
似野狼若寵貓

吃素的似麋鹿
或似高原雲松
海灘檳榔樹
季節下
詩詩性格　性情

魯竹/luzhu　130813　柯羅拉多高原

詩　者　3

詩者有思
有行
行者吐詩塗鴉
詠嘆嚎嗥誦詩

詩者是思想動物
食竹激情似熊貓
桑德堡之貓
葷食長嗥似狼
創世紀的醉狼
金士堡的長嚎

思有時
行有時
詩有時
在心靈之旅

詩 者 4

風雲下
智者仁者
樂山水
詩者浪漫
識風流
思者行者
詩者壽

太平洋兩岸洋流
仲夏羽化故事
熱浪下
101 歲風流醉狼
飛了
百歲耄耋學詩人
入土了

魯竹/luzhu　130810　柯羅拉多高原

詩　道

詩　道　1

生有時
禿頂　　皺紋
命有時
半盲　　中風

思有時
幻想　　繆思
詩有時
感悟　　共鳴

青春　　耋耄
幾首佳作
朗誦傳世

生有思
命有詩
詩是思絲

魯竹 / luzhu　　130513　　柯羅拉多高原初稿

詩　道　2

風化不了
聞一多的 <死水>
徐志摩的 <偶然>
顧城的 <黑睛>

詩有時　詩有命
意外　夭折

潮起　潮落
人壽不如
詩長命

風化了禿頂　華髮　人不在　詩在
忘不了　忘不了
<教我如何不想他>

魯竹 / luzhu 010101　柯羅拉多高原

詩　道　3

詩人何其多
'詩' 人
散文的人
新聞的人

白話的人
八卦的人
網路的人
隱匿旳人

短信的人
分行旳人
下半身人
迷思的人
無聊的人
詩，人'

魯竹/luzhu　　柯羅拉多高原

詩　道　4

詩人節
誰是詩人

曾擔憂　不公平
五月多詩人

不要無病呻吟
不要霸道壯語
不要'下半身'詩'

網路作品參差
難得詩情畫意

誰是詩人
在月夜朗誦
風的顏色

誰在關心烽火
技巧加過份隱喻 ....

　　　魯竹/luzhu　130530　柯羅拉多高原

詩　道　5

魯竹十四行
不是他/她的十四行

魯竹十四行
不是百年前的十四行
不是英式的
不是意式的

魯竹十四行
是中式的/詩詞曲賦
是時代的/創新旳
是生活的/蛻變旳

　　從 BBS 雙子星 李白廣場　水雲間　詩樂園心
情客棧詩路　逗陣　明日報　鮮文學　優秀
文學網　靈石島到　吹鼓吹詩論壇　魯竹 e-
詩展　穀歌論壇　零彊界風笛新浪　隱匿的
馬戲班　空間了不了的十四個春秋詩情

　　魯竹 / luzhu　120624　柯羅拉多高原

詩 道 6

魯竹十四行
是
衍生十四行
聯思十四行

不是
數字儀器
血壓脈搏
翻成一直線

也不是
谷歌翻譯
文不對題
詞不達意

魯竹十四行
是生活的語花/語絲/語思

魯竹 / luzhu　13.04--　柯羅拉多高原

詩 道 7

魯竹十四行
行行有意
意在題外

十四根竹子
根根有情
情抒故事

每根竹子
節節言志
志在風格

竹笛　風笛
節節靈語
通知音

春風下
風笛有詩

　　　　　魯竹 / luzhu 13.01.27　柯羅拉多高原

詩　絲

詩　絲　1

西風下
難得人如意

童話不了的
廣告
神話不了的
謊言

銀行公司債
列國公債
了不了的
借債還債

寅吃卯糧
誰來還債
如何還債
難得人如意　西風下

魯竹/luzhu 11.11.11　柯羅拉多高原

詩　絲　2

説謊言　小謊言是
謊言　大謊言是謊言
一百萬小謊言有謊言

回憶錄是回憶錄
回憶上萬難免失憶
一百萬小謊言有失憶
失憶不是詩意

回憶錄是不是小説
小謊言是不是大謊言
作者出版商推薦人
各自表述立場意見

回憶錄有謊言
失憶謊言難得有詩意
誰　誰在塗謊言

[註]：新聞報導全美暢銷書《一百萬
小謊言》內容有誠信風波

魯竹　060114　柯羅拉多高原

詩　絲　3

春風好
是不速之客
風無常
風有意思
人有情
人有意識

春光好
好景不常
春雪春霧春雨
春汛春澇了不了

難得人及時欣賞
春花風風光光
天上風考驗地上人
人的意識　　風的意思

魯竹 / luzhu　13.04.01　柯羅拉多高原

詩　絲　4

主題　　無奈
的晦澀

穿越　　無情
的世紀

隱喻　　無聊
的意識

爭議　　無知
的時空

軍火商了的
亮劍

東海　　南海
漁客　　探打
油井了不了
的境外塗鴉

詩　絲　5

政客　　莫名
謊言
說客了不了的
偏見

‘名嘴’　　莫名
口水

泡沫了不了的
廣告

謊言　　　糊塗
誠真
預言不了的
無知

影子塗鴉
意識了的未來

詩　絲　6

風　來時
沒預警
雲　起時
如此自然

是潮流
是疏通的
气壓
是悶久了
水自流

小三通
到大三通
是船等到
橋頭
自然直

魯竹 040404　　柯羅拉多高原

詩 絲 7

梅花尋根
在金陵
橘子花尋根
在長安

化解恩怨
梅花破冰
橘花搭橋
為野百合開闢
兩岸高速和平航程

善變玫瑰
忙著顛覆沙漠
挑戰仙人掌
夢思問鼎中原
搞民調為薔薇'正名'

魯竹 050504　柯羅拉多高原

詩　絲　8

梅花上金陵梅山
尋根　帶來和平
救國

橘子梅花上長安
尋根　告別政治
恩怨

玫瑰與櫻花捧著
野百合等待
五角玫瑰變法
盼望奇跡

在人造沙塵暴
霸道自由之后
每一季春信似花
有莫測底的情無常

　　　魯竹 050504　柯羅拉多高原

詩　絲　9

春天是國樹州花市草
爭艷的季節

五角牛仔偷
走四季春天

巴格達一年四季
綻放仙人掌

棕櫚樹跪地
沙漠玫瑰猶在
與五角玫瑰激情

巴格達沒有
荷蘭鬱金香　沒有
金陵梅花和梧桐花

沙漠金雞欲鳴天
奈何烽火中難得一天和平

魯竹 050504　柯羅拉多高原

詩　絲　10

巴格達沒有
春天
春天使稀有商品
巴格達沒有
安全
安全是稀有動物的美夢

巴格達沒有
和平
和平是張空頭支票
五角牛仔侵佔沙漠
霸道自由打油井
打造'所謂的'民主傀儡
自殺炸彈打游擊
人造沙塵暴下顛覆春天

魯竹 050504　柯羅拉多高原

詩　絲　11

大陸熊貓徘徊
在彼岸
島嶼政客猶豫
在此岸
熊貓好
貓熊好
觀賞的也好
養殖的也好

和平通兩岸的
就是好熊貓
和平不是口號
熊貓要有竹葉的
綠洲　寫竹子的
新詩

魯竹 050504　柯洛羅拉多高原

詩　絲　12

福態傻相
溫帶動物
當親善使者
和气游列國
反對殺生
吃素的動物
與綠有緣
食不能無竹
竹葉如有詩
春到人間
和平使者肯定
創作佳詩
軀体黑白分明
憨得可愛的動物

魯竹 050501　柯羅拉多高原

詩　絲　13

第二個母親節
你會撒嗲
娘聽到你叫
'媽媽' 就心花怒放

不必送娘禮物
娘還反送你一個
熊貓娃娃
逗他玩

教他說話
做他規矩
抱著他入夢
今天　請好好地
代我多親親你的娘
在你伸手可得的年華

　　　　　　魯竹 050508　柯羅拉多高原　愛心居

思　絲

思　絲　1

有國籍
沒有黨籍
有黑白
不應該有是非
當上和平使者
與政客激情
御和風
破冰了的航程
親善了的熊貓
新居等待油漆
是藍是綠是橘
或紅色地強調
動物園嬌客
的品味風尚

魯竹 0505　柯羅拉多高原

思 絲 2

當濁水澄清
清明
當淡水沉淀
渾濁
河與河開始
對話
岸與岸開始
溝通
不再意識形態
歸依風向　民意
不再注音亂碼
順應潮流　交通
一通　二通
通　通　通

魯竹 05　柯羅拉多高原

思　絲　3

台大人不再

與成大人比

內政與外交

人造沙塵暴之後

台大人作興

自創名號闖江湖

挑戰北大人

自由思想

辯証本土化

奈何經濟拮据

'所謂的'去中國

尋根講究務實

兼包內外功夫

打通經脈　通通通

魯竹05　柯羅拉多高原

思 絲 4

相對了的情報
相對不了得預警
相對了的預警
相對不了的誤殺

相對的戰爭
相對的零和游戲
相對了的戰爭
相對不了的誤殺

相對的偵察撞機
相對的星戰
假情報炸大使館
人造沙塵暴下
誤殺友軍記者
相對不了的意外

魯竹 05 柯羅拉多高原

思　絲　5

人造沙塵暴下
相對的變化
相對不了的變質
莫說人事是非
人造土石流下
相對地變遷
相對不了的變通
莫測人性善惡
風向變
風景相對地變
風水變
人情相對地變
人造風水無常
誰　誰能說明白

魯竹 05　柯羅拉多高原

思 絲 6

上帝帝國監牢有六成以上
是貧窮被歧視的少數民族
遠征沙漠的青苗大兵
半數以上是少數民族

陣亡的是半數的少數民族
境外關的是弱勢戰俘
沒法律保障的戰俘
"所謂的"另類戰稃

在人造沙塵暴下掙扎
帝國霸道自由選擇善惡
挑戰窮极無路的自殺炸彈
上帝帝國信徒說"替天行道"
打造所謂的民主傀儡
誰　誰能為青苗說明白

魯竹 050429　柯羅拉多高原

思　絲　7

反對邪惡
反對不了白鴿
反對了安理會
反對不了假情報
堅持星戰遠征
佔領沙漠打油井
人造綠室仙人掌
挑逗自殺炸彈打游擊
上帝帝國的信徒
還在污染地球
霸道'所謂的'自由
打造'所謂的'民主
穿白袍的和平天使
升天了　你們怎不醒悟

魯竹 050424　柯羅拉多高原

思　絲　8

政治家是帶路的
友人
鍥而不捨
擁抱理想和原則
不眷戀權勢
達到目的而引退

政客是政治夾
縫中
的一顆棋子
擁抱風向和
競爭機會
漠視仁道
不放棄名利
為目的

思　絲　9

不學讀寫詩作的政客
詩難創作
失解隱喻
更難翻譯

政治非寫詩
也難得説明白
政治弔詭寡情
無信　　欠雅　　難達

政客是賭徒
投機零和游戲
政客重面子
不斷承諾空頭裏子
謊言似夢中
樂透的彩票

　　　　　魯竹　05　柯羅拉多高原　愛心居

思　絲　10

與水激情
濁水溪唱過悲情
淡水河流著詠嘆

梅花面壁
祈禱和平
上金陵梅山尋根

野百合造反之後
在點燈祈福
找白鴿通航

海峽風颱已過
山和島嶼借春風
與水激情

晨霧是美的
平靜渡頭湧人潮
篙子說　開航了

魯竹　05.04.15　柯羅拉多高原

思　絲　11

在朝忘了"所謂的"九一八
南京大屠殺

在野忘不了"所謂的"二二八
"所謂的"土石流
全球化

"所謂的"羅馬音
本土化
片假名

"所謂的"拼音
口水
注音

忘不了"所謂的"意識
偏偏忘了"所謂的"假情報
忘不了"所謂的"生離死別

　　　　　　魯竹 050213　柯羅拉多高原

思 絲 12

與山激情
儂有彩虹想法
聽不到在野看法
儂有夢想意見
不同意在野觀點
立足為主為客
接觸時間長短
個性情緒影響
各有所矜持
在台下批評台上
天天用放大鏡
上台忘了理想
冷落望遠鏡
在意識形態下
口水卻越來越濃

魯竹 05.02.24　柯羅拉多高原

思　絲　13

政客利用二二八激情
挑怨恨意識的漣漪
'所謂的'意識去中國化
番薯仔抗爭
太多'阿山'生'半山'
玉山在'正名'為新高山

阿山嗆聲
阿扁太善變

老番癲變臉要正名岩里
不再戴風化的扁帽
番癲那沒沙漠的台灣
島嶼質疑正名福摩沙

台灣海峽不要正名顛覆
選民海嘯不要人造沙塵暴

　　　魯竹 05.02.28　柯羅拉多高原　愛心居

激 情

激　情　1

恨晚半世紀

相見
在機場在古跡
拉起紅條歡迎你
回家了
打開正門歡迎你
台大人和北大人

激情
話舊未名湖畔
在辯証在瞻望
和平之旅
未晚記得
先投宿
雞鳴早看天

激 情 2

梧桐花飛
紫金山南麓
中山陵有警鐘長鳴
喚醒世人
莫忘建國方略
天下為公
登花崗岩石階
不怕累
一小步是
一大步的開始
救國
在和平奮鬥
莫愁河上有藍天
綠洲地上有白日

激　情　3

渡船不再擱淺在檳榔樹上
上一場暴雨　淹沒一片檳榔樹林

草嶺有新潭
船在樹上游行

一場颱風　土石流
颳走半潭水
露出檳榔枯枝

樹上掛著船
這一場春雨
填滿潭水

浮起上游的船
不再擱淺的船
自自然然地航向
向往交流的對岸

魯竹 050424　柯羅拉多高原　愛心居
註: 取材自陳露茜散文<樹上的船>

激 情 4

沙漠有塵暴
島嶼有風颱
綠洲有地震
灘頭有海嘯

有一朵雲如此熟悉
有一支歌如此悅耳
有一棵樹如此親切

流浪了的梅花
日寫情詩

鄉思了的梅花
夜夜夢思
在時空了的花圃
你播下有情詩种
無常等待綻放

激 情 5

台南有個老地方
織夢激情的地方
他的祖父曾經
選擇一部通史

他要尋根
你的奮鬥和辯才
快進入歷史

你要留名
你的跫音鞋印
放射在老地方
他有他的立場
你有你的意識
激情未來
在那一方老地方

魯竹 050430 柯羅拉多高原 愛心居

激　情　6

相對不了皇軍東亞共榮
反攻大陸
韓戰越戰
星戰沙漠
恐怖　　反恐怖　　　空襲
五角玫瑰挑戰仙人掌

五角牛仔挑釁
東海　　　南海
打造山寨民主
霸道島礁

相對了的集中營
相對的改造營
相對了戰俘營
相對不了的情報

激　情　7

誰能繼往
以人民為主題

誰能開來
以和平為內容

誰能化干戈
以雙贏為手段

誰能有創見
以發展為目標

誰似春風
化千層雪

誰能尋思想自由
思他人想不到的

誰能取兼容并包
為未來有所作為

魯竹 050504　柯羅拉多高原

激　情　8

雲　要春風
　　要和風

雲　不要邪風
　　不要颶風
　　不要龍捲風

雲　要祥雲
　　不要腥雲
　　不要戰雲
　　不要蘑菇雲

雲　要及時雨
　　要甘霖雨
雲　不要人造雪
　　不要人造沙塵暴
雲　要春風　和風　沙漠雨

魯竹乙酉地球日　柯羅拉多高原

激　情　9

自由是相對的
相對的風
相對的雲
相對的雨
相對的雪
相對的自由
相對的心情

平等是相對的
相對的光
相對的電
相對的能量
$E = MC$ 的平方
誰能告訴我
民主不是相對的

激 情 10

激情/彩虹是相對的
相對的日
相對的雲
相對的雨
相對的影
相對的忽悠
相對的心情

眼神/晚晴是相對的
相對的光
相對的電
相對的能量
$E = MC$ 的平方
誰能告訴我
愛情不是相對的

魯竹乙酉詩月　相對論百年紀念
柯羅拉多高原

激 情 11

相對的意識
相對了沙漠
相對了的仇恨
相對的戰爭

相對了的海峽
相對了的恩怨
相對的彩色
相對了情報

相對了的政治
相對的和平
相對的故事
相對的人情
有人激情歷史
有人在創作新詩

柯羅拉多高原 愛心居

激 情 12

凍 蒜

Terror White House terro
The terrorists threat
白宮幽魂
打造山寨民主

The terrorists threat
霸道自由
Star wars terror
打造千萬難民

Desert/market wars
Suicide bombs no ending

沙漠廣場戰爭
導彈　自殺炸彈

星戰　空襲不停
恐怖　白宮恐怖

華府馬戲

Donkey and Elephant
Tanglo along
Potomac river

花旗政客口水战
霸道自由
打造山寨民主

風波漣漪
變　變　變

Challenge changes
Status quo

猴年馬戲
風水輪迴悠
白宮風景
誰能説明白

政治動物園

牛仔霸道
Political animals
打造山寨民主
Cage freedom

鳥籠自由
布袋戲
Puppet show
帳篷外交
打造傀儡 難民

Crow and fox
Dancing

在不靠譜的
沙漠星戰氛圍
奧步 忽悠

Choice

American values
Liberty
Democracy
Equality
Are under testing

考驗 考驗
美國價值
自由市場
民主理念
獨立平等精神

人治 法治
Human rights
It's economy
Unequal democracy

風化下的花旗

1

霸道自由
打造山寨民主
風化下的花旗
自由民主不平等

漠視政見
壟斷民調
極化了的兩黨
惡性競爭

誰在關心四千萬
無業遊民
露宿街民
十字路口乞求的貧民

民主自由不平等
風化下的花旗民主

2

誰在污染民主
縱操民粹民意
誰在否認民主
霸道自由
誰在拒絕民主
謊言平等

兩黨對立
惡性競爭
社會分裂
漠視協商

猴年馬戲
牛仔民主病入膏肓
白宮賽馬走奧步
自由民主不平等

政治門檻　1

門檻高高低低
水門　旋轉門　電郵門
干政門　政治角力
信不信由你
羅生門
誰說的是真話

她的血壓 100/ 70
膿搏 72
將是白宮最年輕的
第一位女總統

他將是⋯⋯

他捐一千三百萬美金
　　上臺上分鐘在紐約慈善餐會

政治門檻　2

青天不見白日
"向日葵"作孽
佔領議壇
邊緣化民主

蒸發了的藍天
黃了的藍星
異類的綠
在濁水中成長

人氣　人氣質
難得才氣　德性雙全
太多人造暖氣
興熱戰
打造山寨民主
太多人造冷氣
引冷戰
打造千萬難民

政治門檻　3

空前的成人遊戲
比較撒謊藝術
比較財力體力

不是君子與君子之爭
不認錯的政客
與情緒化的財主
劃時代的辯論

價值意識
霸道救世理念
相信誰能掌控
國內外經濟政策

美金媒體
風化下的兩黨制度
不公平的民調

政治門檻 4

誠信
健康門影響候選人

私人信箱公務郵政門

花旗民主奧步
感性挑戰理性
風化民主素質
民調氣氛導誤
空頭支票
人治　法治

偽善民主了不了
的惡性競爭
是非非是
不辯政見
互掘隱私
道德斯文掃地

政治門檻　5

政客缺少生存
時空
霸道自由
在模糊空間
打太極
勾且維持現狀

口水廣告洩密
競爭越發醜陋
政客無奈時差
空襲　恐怖
反恐沒轍
化妝包裝
變　變　變
在灰色時空
維持不了現狀

政治門檻　6

沒選票的時代
帝國昭示
黨國信仰
軍國獨裁

有選票的年代
黑金黃金美金
口水廣告
意識型態

$百萬選市長
$億元選總統
霸道自由
打造山寨民主
凍蒜蒜園蒜票
民主自由不平等

　　　　　魯竹/Luzhu 2016.11.3
　　　　柯羅拉多高原　愛心居

Life I

1
Stop worrying about
How many stars you can catch
Which color of moon light
What metaphor you can magine

 stop worrying

Hatre
Tomorrow

Start working   out
Problems solving

Start living with
Peace in mind
A song in our hearts

Start working on
Hopes

2

Stop worrying wars
Stop worrying terrorists
Stop worrying suicides
Stop worrying refugees

Start earning people
Start living in peace

Start ooking hopes
Stop trading firearms
Stop marketing missels
Stop making wars

Stop making refugees

Start making ❤ love

Start living in peace

❤ Stop worrying wars

3
Stop wars
Start peace
Talk peace
Act in peace

Solve problems
Like puzzle
Piece by piece

Peace between you and me
Peace among human beings
Go peace to the newworld

Having peace will travel
No more wars

Peace please

 peace to the future

Life II

Windy sky
Cloudy life
Love
When the wind
Kisses
the cloud

Life is a loving
Journey
Loving peace
not war

Let the wind blows

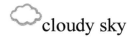cloudy sky

Love

Peace please

魯竹/Luzhu 2016.11.01
柯羅拉多高原　愛心居

Cloudy Sky

1

The wind is blowing

O! Obama War and Peace

Donkey's "national interest"

海外打油井 在沙漠 在南海

空襲打遊擊 在中東 在非洲

自殺炸彈打造千常無辜難民

星戰反恐風雲起 走奧步

Obama 還在陪牛婆霸道自由

兒童美夢 花旗美夢

漠視寡母孤兒命運

牛婆興戰 "美國最高利益在南海"

口水 導彈 自由 民主在

風化人權

誰在教育未來的兒童

2
你相信"國家利益境外打油井"
挑戰仙人掌自殺炸彈打遊擊

不相信千萬無辜難民
打造廢墟孤兒寡母
十五年了反恐
空襲顛覆

打造山寨民主
9/11 後遺
沙漠星戰未了
又在挑釁南海風浪

O! Obama
Peace please
和平 和平
猶在浪尖望春風

Luzhu/魯竹 2016.09

Change

Change Change
No more challenging
Nature
No more desert wars

   No more star wars

No more "Nationa-building"
No more terrorists

No more "ISIS"

Stop making wars
No more air raid
No more suicide bombs
Stop creating refugees
Start living in peace